EMPLOI

DE

L'ARTILLERIE DE MONTAGNE

DANS

L'EXPÉDITION DU TONKIN

PAR

E. JOURDY

CHEF D'ESCADRON D'ARTILLERIE

Extrait de la *Revue d'artillerie*. — Juillet et août 1889.

PARIS

BERGER-LEVRAULT & Cie, LIBRAIRES-ÉDITEURS

5, rue des Beaux-Arts, 5

MÊME MAISON A NANCY

1889

EMPLOI

DE

L'ARTILLERIE DE MONTAGNE

DANS

L'EXPÉDITION DU TONKIN

PAR

E. JOURDY

CHEF D'ESCADRON D'ARTILLERIE

Extrait de la *Revue d'artillerie*. — Juillet et août 1889.

PARIS

BERGER-LEVRAULT & Cie, LIBRAIRES-ÉDITEURS

5, rue des Beaux-Arts, 5

MÊME MAISON A NANCY

1889

EMPLOI

DE

L'ARTILLERIE DE MONTAGNE

DANS L'EXPÉDITION DU TONKIN.

Sur l'invitation de M. le colonel commandant le 12e régiment d'artillerie, M. le commandant *Jourdy* a fait aux officiers de ce régiment une Conférence sur l'*Emploi de l'artillerie de montagne dans l'expédition du Tonkin*. La *Revue* est heureuse de pouvoir publier le texte de cette conférence qui contient de nombreux détails de nature à intéresser tous les officiers de l'arme.

(*N. de la R.*)

Avant-propos.

Le matériel d'artillerie qui a été employé dans les premiers combats de la campagne du Tonkin, consistait en canons de 4 rayé de montagne montés sur affûts en fer du canon de débarquement de 65mil, avec avant-trains en fer pour le transport de caisses à munitions de 4 rayé de montagne.

Les batteries d'artillerie de la marine qui partirent au printemps de 1883, étaient armées de ce matériel qui servit dans les combats autour de Hanoï dans les mois d'août et de septembre. A la colonne de Son-Tay (décembre 1883), l'artillerie de la marine employa ce même matériel, auquel on ajouta deux batteries de 65mil sur affût de débarquement. Pour la colonne de Bac-Ninh (mars 1884), l'artillerie reçut une nouvelle augmentation, car, en outre du matériel employé précédemment, on ajouta une batterie de canons-revolvers de 37^{mil} sur affût de 65^{mil} et les deux batteries du 12e régiment d'artillerie armées de canons de 80^{mil} de montagne.

Ce dernier matériel montra, dans cette occasion, une supériorité incontestable sur celui qui avait servi jusqu'alors. En effet, dans les marches, son affût était plus mobile que celui de 65^{mil}, dont les roues en fer pénétraient trop profondément dans les terres détrempées et dont l'avant-train en fer était une source de difficultés continuelles. Dans le tir, sa pièce présentait beaucoup plus de justesse, surtout aux grandes distances, que celles des autres calibres; son projectile avait plus d'efficacité en raison de son poids relativement considérable; l'organisation de son affût permettait le tir aux grandes distances, tandis que l'affût de 65^{mil} ne pouvait faire tirer la pièce de 4 que jusqu'à 1 700 m, et encore à la condition d'enterrer la crosse; enfin son système de pointage rendait possible l'emploi des nouvelles méthodes de tir, auxquelles ne se prêtait guère l'affût de 65^{mil}. Il y a lieu d'ajouter cet avantage, au point de vue des approvisionnements en munitions, que le projectile de 80^{mil} de montagne était le même que celui du canon de 80^{mil} de campagne, dont deux batteries de modèle irrégulier figurèrent dans les colonnes de Bac-Ninh et de Hong-Hoa, pour armer plus tard les postes fortifiés, notamment celui de Tuyen-Quan. Ces raisons conduisirent à augmenter le nombre de canons de 80^{mil} de montagne en service dans le corps expéditionnaire, et deux nouvelles batteries de ce calibre purent prendre part à la colonne de Lang-Son (février 1885) et à celle du déblocus de Tuyen-Quan (mars 1885). Plus tard, les batteries qui furent envoyées successivement au Tonkin furent toutes dotées du même armement, qui y constitua définitivement le matériel de l'artillerie coloniale.

L'expérience qui a été faite du matériel de 80^{mil} de

montagne dans le cours de cette campagne a été suffisamment prolongée pour permettre d'apprécier les services qu'il y a rendus, et les observations qui ont été faites à ce sujet peuvent paraître suffisamment nombreuses pour qu'on puisse dès aujourd'hui en aborder l'examen dans les deux actes principaux de la guerre : les marches et les combats.

I. — L'Artillerie de montagne dans les marches.

1° Des marches au Tonkin.

Le matériel de 80^{mil}, qui avait subi une première épreuve de marches en Tunisie et en Algérie, a fourni au Tonkin une carrière beaucoup plus complète.

Marches en pays accidenté. — Les incidents des marches en pays accidenté s'y sont présentés fréquemment ; ils ont commencé dès la colonne de Hong-Hoa (avril 1884), où la 1re brigade eut à traverser des mamelons rocheux ; ils se sont poursuivis pendant toute la colonne de Lang-Son, et pendant celle du déblocus de Tuyen-Quan, pour devenir ensuite continuels dans la marche sur Lao-Kaï (janvier 1886) et dans l'occupation successive de tous les points du haut-pays.

Le matériel de 80^{mil} fut ainsi exposé aux chutes incessantes, sans que lui ni ses mulets n'en souffrissent beaucoup. Les batteries n'avaient pas tardé à prendre leur parti de ces incidents et s'étaient vite habituées aux montées et aux descentes multipliées (cela s'appelait *pitonner*, c'est-à-dire aller de piton en piton).

Le mulet, résigné à toutes les chutes, entraîné à toutes les escalades, en était bientôt arrivé à ne se rebuter devant aucun obstacle. Grâce à ces braves et patients animaux, les batteries ont ainsi gravi les pentes les plus raides, celles sur lesquelles l'homme devait s'accrocher aux herbes, laissant le mulet faire de son mieux. Le premier soir du combat de Dong-Song (4 février 1885), comme il était urgent d'arriver à tout prix sur la position de l'ennemi au moment de la tombée de la nuit, on a escaladé un piton qu'on n'aurait certainement pas osé aborder en plein jour. Aucune pente n'a été jugée inaccessible tant qu'elle n'était pas barrée par des bancs de rochers qui sont absolument infranchissables au mulet, même non chargé.

Le matériel de 80^{mil} a donc subi victorieusement au Tonkin les épreuves de la marche en pays de montagne qui avaient consacré jadis le succès du matériel de 4. Mais il a connu d'autres traverses pour lesquelles il n'avait pas été construit et auxquelles il a non moins bien résisté, celles des marches dans le Delta.

Marches dans le Delta. — Le sol y est généralement à fleur d'eau, souvent inondé pour la culture du riz, qui fait vivre presque exclusivement les indigènes. On n'y disposait jamais de routes, mais seulement de chemins tracés sur la crête de digues assez mal entretenues, et de sentiers de rizières fréquemment coupés pour les besoins de l'arrosage ; les colonnes y étaient souvent arrêtées par la vase, par les fondrières et par les bourbiers dissimulés sous de hautes herbes. Les ponts, qui n'y sont le plus souvent que des ponceaux, sont frêles, étroits, en légers bambous, ou, si les travées sont solides, les planches en sont disjointes et branlantes. L'habitant se contente de ces moyens précaires de communication, car il lui suffit habituellement d'une piste tracée où un seul homme puisse passer de front, sans qu'il lui répugne le moins du monde de se mettre à l'eau ou de traverser la vase pour franchir les nombreuses coupures. Le matériel d'artillerie, si léger qu'il soit, ne peut pas être exposé impunément aux chutes répétées dans les marécages, il demande beaucoup de temps et plus encore de peine pour être remis à sec, et, si les dégradations s'y montraient insignifiantes, en revanche les glissades incessantes sur le sol détrempé et dans les flaques, étaient singulièrement préjudiciables à la marche régulière des colonnes. Les canonniers devaient entrer souvent dans l'eau jusqu'à la ceinture, les cadres donnant l'exemple (c'est ainsi que se contractaient les plaies annamites). Les mulets, habitués à marcher sur un sol résistant, devenaient maladroits quand ils sentaient le terrain céder ; ils se laissaient choir lourdement ; ils étaient difficiles à relever et à retirer du bourbier. Quelques-uns s'enlisaient même complètement et devaient être impitoyablement abandonnés ; la répartition de leur chargement devenait alors une nouvelle cause d'alourdissement des colonnes.

Il est arrivé aussi que la digue elle-même était inondée ; on éprouvait alors la plus grande difficulté à conserver la direction de la marche au milieu d'un lac de vase, dans lequel tout faux pas faisait disparaître hommes, mulets et matériel.

Le passage des arroyos, dont les rives encaissées sont le plus souvent tapissées d'une végétation inextricable, exigeait la construction de rampes, travail long et pénible. La fréquence des mauvais pas conduisit rapidement les batteries à faire marcher en tête de leurs colonnes une avant-garde qui était composée des plus vigoureux des servants armés d'outils et débarrassés de leurs sacs.

Quand la coupure du chemin était trop large, le pont trop branlant, la rive de l'arroyo trop à pic, il fallait alors démonter le matériel pièce par pièce au prix de fatigues inouïes et de pertes de temps considérables. On a marché ainsi à raison de 15 km par jour, avec 4 ou 5 heures de repos sur les 24 heures.

Le passage des cours d'eau exigeait aussi le démontage du matériel, qui était transporté en jonque ou en sampan comme les hommes ; les mulets traversaient à la nage.

Du personnel. — La tenue était en casque, pantalon de toile ou de flanelle, vareuse ou bourgeron selon la saison. Dans les années 1884 et 1885, le casque était recouvert d'une coiffe noire et le bourgeron était noirci pour éviter de révéler de trop loin à l'ennemi la marche des colonnes ; plus tard, on négligea cette ruse de guerre. Personne ne portait le sabre. Tous les canonniers portaient le sac, sauf les pionniers de l'avant-garde et les sous-officiers, dont les sacs, ainsi que ceux des officiers, étaient portés par des coolies ; on renonça vite à faire porter les sacs par les mulets, en raison de leur état d'épuisement, et on dut obliger les canonniers à les porter eux-mêmes, la surcharge de quatre jours de grain qui incombait à leurs mulets de caisses étant déjà excessive. Cette obligation était extrêmement pénible pour eux, car ils avaient souvent à relever et à recharger leurs mulets, et leur fardeau leur paraissait encore plus incommode qu'il n'était pesant.

Les passages difficiles nécessitaient des efforts presque surhumains, sans que jamais le repos suivît ce dur labeur, en raison de la nécessité impérieuse de marcher sans perdre un instant pour éviter de prolonger les arrêts de la colonne. Pendant les incidents multipliés qui exigeaient de la part du canonnier tout ce qu'il pouvait donner d'énergie, ses camarades des autres armes pouvaient encore prendre quelques instants de repos que lui ne connaissait jamais, car la fatigue de la marche succédait immédiatement à celle du travail. A l'arrivée au gîte, il n'avait même pas la ressource du soldat exténué, celle de se jeter à côté de son arme ; il lui fallait soigner et nourrir son mulet et renoncer au sommeil, après l'arrivée comme avant le départ, pendant le temps quelquefois bien restreint de la halte. La colonne qui a été dirigée par voie de terre de Phou-lang-thuong sur Chû a marché jour et nuit pendant 60 heures : aucun des canonniers qui en faisaient partie n'a eu, pendant tout ce temps, le loisir de quelques moments pour dormir. Son arrivée sur le Loc-Nam, qui était impatiemment attendue, fut le signal de la reprise du combat et, quelques heures après l'arrivée, il fallut marcher à l'ennemi pour combattre sous un soleil de feu pendant deux journées consécutives. Ces fatigues excessives sous un climat débilitant, fondaient rapidement les effectifs. Le personnel des batteries a été plusieurs fois renouvelé ; il n'a pu être tenu à peu près au complet dans les colonnes qu'en échangeant les hommes exténués de fatigue et usés par la fièvre ou par la dyssenterie avec ceux qui, détachés dans les postes fortifiés, avaient pu prendre du repos, guérir leurs plaies et se refaire pendant les intervalles des colonnes.

2° *Divers modes de transport du matériel.*

Par les hommes. — Au début de l'expédition, les canons de l'artillerie de la marine (canons de 4 sur affûts de 65^{mil} appropriés) étaient traînés à bras d'hommes, généralement par les coolies, et, dans les moments critiques, par les canonniers. On avait d'abord essayé de petits chevaux tartares pour atteler les pièces, mais ces animaux tiraient fort mal, en se défendant incessamment. Les coolies portaient les caisses à munitions, les vivres et les bagages.

Quand la colonne de Bac-Ninh se mit en marche, les mulets n'étaient pas encore arrivés : les deux batteries de 80^{mil} de montagne de l'artillerie de terre firent porter leurs caisses par les coolies, et les canonniers s'attelèrent à leurs pièces qu'ils tirèrent à la bricole, l'une de ces batteries suivant le procédé employé avec les mulets, l'autre en brouette, la bouche du canon en avant ; l'équilibre était alors assuré par une caisse à munitions brêlée sur la pièce [1]. La colonne formée par une seule batterie de 80^{mil}, composée de 100 hommes avec ses 6 pièces approvisionnées à 80 coups marchant ainsi en file par un, occupait une longueur de 500 ou 600 m et mettait parfois

[1] Voir *Revue d'artillerie*, septembre 1884, t. XXIV, p. 485.

une heure pour franchir un kilomètre sur les digues détrempées et coupées.

Par les mulets. — Les mulets étaient arrivés pour la colonne de Hong-Hoa; chacune des deux batteries de 80^{mil} de montagne en reçut 42 ; le reste de ces animaux attelait des batteries de campagne. Dès l'été de 1884, l'épuisement des mulets était manifeste, et leur ration, qui se composait de paddy (riz non décortiqué) et d'herbe coupée, ne convenait guère pour leur donner des forces. Harcelés par les moustiques qui ne leur laissaient aucun repos, ni de jour ni de nuit, la tête brûlée par le soleil, ils contractèrent tous des fièvres pernicieuses aggravées par les fatigues excessives des colonnes et par les blessures du harnachement. En station, on a essayé de les sauver en les menant paître dans les rizières, mais ils y contractaient le crapaud (pourriture locale de la sole rapidement couverte de vers). On les mettait à l'ombre sous de grands arbres, au bord de l'eau, ou sous des toits de chaume. On avait même essayé de les coiffer de sacs à riz renfermant une éponge mouillée. On les ferra aussi à crampons aux pieds de derrière pour leur rendre les glissades moins pénibles. Mais rien n'y fit ; ils mouraient tous d'épuisement, ou de la morve ou du farcin, qui étaient des conséquences de l'épuisement. Et cependant le succès de la campagne dans l'Est du Tonkin a dépendu en partie des mulets, sans lesquels aucun transport n'était possible à travers le long défilé de Chû à Lang-Son. Dès octobre 1884, le général en chef en demandait 1000 ; si on avait eu ce nombre d'animaux de bât en février 1885, la garnison de Lang-Son aurait eu ses approvisionnements assurés et elle aurait pu être plus facilement renforcée et mise ainsi à l'abri de toute éventualité.

Plus tard, dans les opérations en pays inondé (dans les colonnes du Baï-Saï et du Song-ca-lo, novembre 1885), on cessa de pouvoir toujours utiliser les mulets ; enfin, dans les colonnes sur le haut Fleuve-Rouge (1886), on ne conserva que ceux de ces animaux qui étaient nécessaires au transport de la pièce et de l'affût, les coolies portant tout le reste du matériel et les bagages. On arriva même plus tard (1887) à faire porter tout le matériel par des coolies convenablement recrutés.

Par les petits chevaux annamites. — On fit des achats de ces petits chevaux à Manille, à Saïgon, à Rangoon, à Singapour, à Hong-Kong; mais cette remonte, faite à la hâte, se fondit très vite. Un petit cheval portait deux caisses réduites (la charge de 4 coolies) plus son paddy. Ces animaux tiraient courageusement le canon de 4, travail déjà excessif pour leurs forces.

Les officiers ont tous été remontés en chevaux de cette sorte qui n'étaient guère plus hauts que de petits ânes.

Par des bœufs. — On essaya des bœufs bâtés ou attelés à des charrettes. Cette expérience fut tentée pour le service de l'arrière de la colonne de Lang-Son, mais elle fut infructueuse et on dut y renoncer (janvier 1885).

Des linhs. — La nécessité d'incorporer dans les batteries des indigènes sur lesquels on puisse plus compter que sur les coolies comme porteurs de caisses ou comme coupeurs d'herbe, amena à choisir les meilleurs et les plus forts de ces coolies et à les enrôler comme auxiliaires ou *linhs* (décembre 1884). On leur donna un uniforme spécial, voisin de celui des tirailleurs tonkinois, et une solde particulière dont un prélèvement, conservé comme garantie, constituait une masse d'habillement. Ces *linhs* ont rendu de grands services pour l'installation au cantonnement, pour les corvées, pour la conduite des mulets et sur le champ de bataille : au combat de Banc-Bô (24 mars 1885) ils ont même approvisionné les pièces de projectiles sur un piton escarpé, au prix d'une peine inouïe et d'un danger sérieux. L'essai avait semblé avoir assez réussi pour que ces *linhs* fassent dorénavant partie des batteries détachées au Tonkin.

3° Des ordres de marche.

Lors des premières opérations au milieu de la rizière, les difficultés énormes que les canonniers de l'artillerie de la marine avaient éprouvées à amener leurs pièces en batterie et le peu d'effet de l'obus de 4, avaient relégué l'artillerie au second plan, presque comme un *impedimentum :* elle marchait généralement à la queue des colonnes, suivant comme elle pouvait, quelquefois laissée en arrière, harassée de travail, épuisée d'efforts. Ce système fut parfois continué par les commandants des colonnes légères, plus préoccupés de la vitesse de leur marche que des nécessités du combat ; les commandants de batterie durent même insister de toute leur énergie pour éviter d'être abandonnés en route.

Dans les opérations contre l'armée chinoise, quand les généraux commandant les deux brigades prirent le commandement des colonnes importantes, ils exigèrent l'observation des vrais principes et rendirent à l'artillerie sa véritable place dans le voisinage des têtes de colonnes. Ils durent, il est vrai, faire marcher à l'avant-garde une équipe de sapeurs (européens et indigènes) pour améliorer les passages les plus difficiles, le reste de la tâche incombant aux batteries elles-mêmes.

C'est ce qui fut fait à la 1re brigade dans sa marche de 16 jours de Lang-Son à Tuyen-Quan. Dans la dernière partie de cette marche, la 1re brigade s'attendait à chaque instant à une attaque de flanc qui aurait pu la jeter dans la rivière Claire ; en conséquence elle avait été fractionnée en trois groupes organisés de façon que chacun d'eux pût se défendre isolément : dans chacun de ces groupes, une batterie marchait intercalée entre deux bataillons, chaque pièce suivie de deux caisses, le reste des caisses à la gauche de la batterie en échelon de combat.

Le général commandant la 2e brigade réservait ordinairement le chemin à l'artillerie, qui marquait ainsi la tête du gros de la colonne ; l'infanterie était jetée dans la rizière à droite et à gauche en ordre demi-déployé, par colonnes de sections, marchant ainsi dans des conditions très pénibles, mais prête à tout moment à engager le combat. L'avant-garde comptait toujours 1 ou 2 sections de la batterie de tête.

Dans la colonne de Bac-Ninh, les batteries marchaient intercalées entre les bataillons, les 6 pièces en tête, un échelon de caisses (20 coups par pièce) immédiatement après; plus loin, le complément de l'approvisionnement (60 coups par pièce); les bagages en queue.

Dans la colonne de Hong-Hoa, l'ordre de marche de chaque batterie était le suivant : 3 pièces, 6 caisses ; puis 3 pièces, 6 caisses ; — 12 caisses en 1er échelon ; — 16 caisses en 2e échelon ; — enfin les bagages.

Dans les dernières opérations, les batteries étaient fractionnées en trois échelons : batterie de combat, échelon de combat, train régimentaire. Quand les sections marchèrent isolément, ce qui devint peu à peu la règle, elles ne formèrent que deux échelons, le second comprenait les vivres et les bagages avec les coolies.

4° *Sections de munitions et parcs.*

Tant que les colonnes ne s'éloignèrent pas des bras de rivière (colonnes de Son-Tay, Bac-Ninh, Hong-Hoa, Tuyen-Quan), les batteries se contentèrent de leur approvisionnement (en général 80 coups par pièce). Une flottille, composée de jonques traînées par des canonnières ou par des remorqueurs, transportait un parc mobile qui tenait lieu à la fois de section de munitions et de parc, avec approvisionnement complémentaire (rechanges, outillage) ainsi que les ouvriers, les artificiers, etc. Dans les dernières colonnes dans le Delta et sur le haut Fleuve-Rouge, on mettait le plus possible de munitions sur jonques, en ne réservant plus guère pour la voie de terre que les mulets de pièce et d'affût, avec quelques caisses portées par des coolies. Mais, quand il fallut s'écarter des voies navigables, on éprouva le besoin d'un échelon de ravitaillement dans le corps des colonnes. Le combat de Chû, qui avait commencé sur le bord du Loc-Nam, à Lam, se poursuivit pendant 5 km dans l'intérieur des terres jusqu'au village de Chû ; le remplacement des munitions se trouva alors fort compromis, les cartouches manquèrent et il fallut envoyer les mulets des batteries chercher des caisses n° 3, poids excessif pour ces animaux qui étaient déjà à bout de forces.

Le coup de main de Nui-bop devant se faire dans le plus grand secret et avec la plus grande rapidité, chaque batterie dut se contenter de son approvisionnement des mulets (80 coups par pièce) et d'une petite réserve (de 20 coups par pièce) portée par les coolies. Mais, comme la consommation des munitions d'artillerie fut assez forte dans ce combat, de plus, comme le général commandant la 2e brigade s'attendait à un retour offensif de l'ennemi, il fit exécuter un ravitaillement par une marche forcée de jour et de nuit, sur le fort de Chû qui était distant de 15 km du théâtre de l'action.

L'expédition de Lang-Son exigea de très longs préparatifs ; on dut réunir et embrigader 8 000 coolies, dont un certain nombre fut employé au transport des munitions concurremment avec tous les petits chevaux de bât qu'on put trouver. Une caisse réduite, pesant 40 kg et contenant 4 coups de canon de 80mill ou 612 cartouches, exigeait deux coolies, de sorte que l'approvisionnement à 50 coups seulement d'une seule batterie de 6 pièces formait déjà une colonne de 600 m. Un petit cheval portait deux caisses réduites, ce qui permettait de diminuer notablement la longueur des colonnes. Les parcs furent mis sous le commandement d'un chef d'escadron. Ils comprenaient : 1° un parc mobile composé de deux sections de munitions, dont une d'artillerie (2 400 coups de 80^{mil} de montagne, plus d'autres munitions), et une d'infanterie (360 000 cartouches) commandées par un capitaine ; 2° un parc à la base d'opération, commandé par un capitaine (à Chû), avec 2 300 coups de 80^{mil} et 1 040 000 cartouches mod. 1879, plus d'autres munitions.

Malgré tous les obstacles provenant à la fois d'éléments si disparates, si incommodes à faire marcher et d'un pays si difficile, on arriva à faire réapprovisionner les batteries sur le champ de bataille pour ainsi dire instantanément, dès que la cessation du feu permettait un peu de répit. Mais la pénurie des mulets obligeait généralement les batteries à se dégarnir momentanément de leurs animaux pour envoyer en arrière les caisses vides.

La même nécessité (à Dong-Song et à Lang-Son) imposa aux batteries l'obligation de se démonter d'une partie de leurs mulets pour faire arriver les vivres, mesure dangereuse qu'il n'eût pas été possible de prendre si on se fût attendu à un retour offensif de l'ennemi.

II. — L'Artillerie de montagne dans les combats.

1° Mises en batterie.

Les mises en batterie ont eu lieu généralement avec une sécurité parfaite, l'ennemi ne cherchant à déloger l'artillerie que lorsqu'il se trouvait incommodé par son feu, c'est-à-dire trop tard pour lui, car le tir des batteries était alors réglé. Les Chinois avaient généralement du canon [à Chû (10 et 11 octobre 1884), à Nui-bop (3 et 4 janvier 1885), à Dong-Song (4, 5 et 6 février 1885)] ; mais ils ne l'amenaient en batterie que dans le cours du combat, par une ou deux pièces, dont le tir ne pouvait être facilement réglé et que nos batteries faisaient disparaître en quelques coups.

Les mises en batterie étaient toujours rapides : les canonniers, très exercés au bout de peu de temps, étaient arrivés à une très grande habileté. Elles duraient environ une minute; la seule cause de retard consistait dans la mise en place de l'écrou de frein, qui devenait laborieuse dès que les filets de la fusée d'essieu venaient à se dégrader.

Les positions de batterie étaient toujours excessivement restreintes et les pièces très rapprochées, soit à défaut de terrain sec entre les rizières, soit à cause du peu d'espace au sommet des pitons. Au combat de Hoa-Moc (2 et 3 mars 1885), les intervalles des pièces n'étaient que de 3 m. La position de batterie était à cheval sur le seul chemin par où passaient les colonnes d'assaut dans un sens et les blessés en sens contraire; elle touchait d'une part à la jungle qui s'étendait du côté de l'ennemi et d'autre part elle surplombait à pic de 8 m la rivière Claire : cette position de batterie était assurément très défectueuse, mais il n'était pas possible d'en trouver une autre. Au combat de Nui-bop, une des crêtes sur lesquelles on dut s'établir était si mince en profondeur que le recul rejetait presque à chaque coup les pièces sur une pente raide où il était très difficile de les retenir, et encore cette position ne put-elle être occupée qu'à la condition d'ouvrir le feu avec les premiers éléments qui arrivèrent au faîte du piton; on ne put ainsi constituer que l'équivalent d'une section au moment de la mise en batterie, le reste de la batterie s'efforçait d'arriver ou roulait sur la pente.

2° *Réglage du tir.*

Les batteries de montagne de l'artillerie de terre n'ont cessé de pratiquer la méthode de réglage du tir au moyen de la manivelle, méthode à laquelle leur personnel était exercé dans les polygones à longue portée. On a parfois resserré la fourchette au $^1/_2$ tour et même au $^1/_4$ de tour, mais on s'est le plus souvent contenté de la fourchette du tour en débouchant l'évent du coup court. L'effet moral de ce mode rapide de réglage, sur un ennemi qui ne s'y attendait pas, était tel, surtout après plusieurs rencontres, que la position opposée ne tardait pas à être abandonnée ; aussi y avait-il le plus souvent urgence à passer rapidement au tir fusant pour profiter du moment où la défense était encore compacte. Les batteries ont fait ainsi évacuer un grand nombre de forts (le camp retranché de Dong-Song comptait plus de 40 de ces ouvrages demi-permanents) sans que l'assaut fût nécessaire. Mais les Chinois tenaient davantage sur les crêtes, qu'ils mettaient très rapidement en état de défense par une sorte de tranchée-abri. Au début, le réglage du tir sur ces positions était très facile grâce à la présence des drapeaux ennemis déployés en signe de défi ; mais les inconvénients de cette bravade ne tardèrent pas à en dégoûter leurs auteurs et le tir dut être réglé sur les lignes de crêtes soulignées par la fumée des tirailleurs ennemis. Il y avait aussi avantage dans ce cas à passer rapidement au tir fusant, les coups percutants courts se perdant sur la pente et les coups percutants longs ne pouvant être observés.

Le tir en portée a toujours été facile à régler, sauf de rares exceptions ; il n'en a pas toujours été de même du tir en direction à cause de la différence de niveau des roues souvent fort grande. On a même demandé à ce propos une hausse corrigeant d'elle-même l'inclinaison des tourillons. La section de 80^{mil} qui s'est mise en batterie au-dessus du mirador de la porte de Lang-Son (13 février 1885), au moment même où l'ennemi l'évacuait, ayant pour programme d'activer à tout prix la déroute, eut recours au réglage direct du tir fusant sans avoir réellement le temps ni les moyens d'observation du tir percutant : cette méthode est devenue réglementaire ; si elle n'a pas paru s'appliquer à tous les cas, celui qui est cité ici convenait parfaitement.

Les distances de tir se sont étendues jusqu'à 3 500 m, mais très exceptionnellement; la distance normale du tir a été de 800 à 1 200 m, quelquefois 400 m et même 100 m (pour faire brèche à Kep — 8 octobre 1884). Une pièce, à Hoa-Moc, s'est mise en batterie à 10 m pour enfoncer la porte d'un fort qui tenait malgré tout : la pièce, chargée à peu près à l'abri des balles, n'était ramenée en batterie que pour faire feu immédiatement.

3° *Effet des projectiles.*

L'effet purement moral des projectiles, qui avait eu beaucoup de succès dans les opérations au Tonkin du temps de Garnier et du commandant Rivière, réussit encore au bombardement de Hong-Hoa. Mais les Chinois du Yun-Nan ne s'en étaient pas montrés très ébranlés, car au combat de Lam (6 octobre 1884) il fallut les aborder à la baïonnette, et encore les deux lignes se chargèrent-elles mutuellement avec une telle ardeur qu'elles se traversèrent. Leurs attaques contre nos positions continuèrent à Chû ; elles ne cessèrent que lorsque les gerbes de nos obus à balles, éclatant chaque fois en avant de leurs têtes de colonnes, les forcèrent à renoncer à ces assauts ; dans l'un d'eux, le général en chef fut tué, dit-on.

Les effets de la gerbe de l'obus à balles (ou à mitraille) étaient du reste très visibles sur les positions où l'ennemi avait tenu quelque temps, car le revers des crêtes était jonché de drapeaux et d'armes, les Chinois emportant généralement leurs cadavres.

Cet obus eut aussi du succès, grâce à sa trajectoire plongeante, derrière les murs des forts chinois contre lesquels l'obus ordinaire ne produisait aucun résultat. Les Pavillons-Noirs, guerriers de profession, se montraient fort peu émus du tir de notre canon : bien abrités derrière leurs retranchements, dissimulés derrière des haies protégées par de fortes défenses accessoires, ils n'engagaient le feu que de très près, attendant le moment de la contre-attaque et déployant toute leur énergie à repousser les assauts. Les obus traversaient sans dommage les haies et les palissades en bambous flexibles qui se refermaient après leur passage sans diminuer la valeur de l'obstacle, même après un tir prolongé.

L'obus ordinaire de 80^{mil} était impuissant contre les tranchées blindées. Il ne put faire brèche aux lignes de Hoa-Moc. Les défenseurs de Tuyen-Quan (novembre 1884 à mars 1885) renoncèrent aussi, dès les premiers jours du siège, à l'employer pour détruire les travaux des assiégeants et durent se contenter de disperser les groupes qui se hasardaient à ciel ouvert ou dans les pagodes. La vitesse restante de l'obus de 80^{mil} était très faible ; il eût fallu pouvoir y suppléer au moyen d'explosifs puissants remplissant le vide intérieur de l'obus ordinaire.

Le tir à mitraille fut employé souvent par les défenseurs de Tuyen-Quan et aussi à Formose (octobre 1884 à mars 1885). Les batteries de montagne y eurent rarement recours ; cependant elles durent en venir là pour faire face à des poussées énergiques, cas qui se présenta à la contre-attaque de Kep et à l'assaut du fort de Ki-lua (28 mars 1885). Ce dernier épisode présenta cette particularité que les conducteurs, sauf le minimum nécessaire pour tenir les mulets, durent y faire le coup de feu sur le parapet du fort (ils tirèrent ainsi 260 coups de mousqueton).

4° *Emploi technique.*

Le principe de la concentration des feux sur le même objectif a été très rarement appliqué au Tonkin ; le cas s'est présenté à l'attaque du camp retranché de Nui-bop (4 janvier 1885) où les deux batteries, composées chacune de deux sections, croisèrent leurs feux sur le fort de l'Est, et aussi au combat de Bac-Viai (2 février 1885) où trois batteries complètes purent tirer ensemble sur la même position pour préparer l'attaqu. eIl est au contraire arrivé beaucoup plus fréquemment que les sections d'une même batterie eurent des objectifs différents. La raison de cette circonstance, qui peut paraître contraire aux règles techniques de l'arme, tient d'abord à ce que le combat s'engageait généralement très près de l'ennemi, dans un pays couvert et sur des positions très restreintes, puis aussi à ce que, dans la guerre de montagne où les colonnes se composent de longues files par un, l'unité technique est vraiment la section. Une des batteries de la 2e brigade n'a disposé, pendant les grandes colonnes (d'octobre 1884 à mars 1885), que de deux sections (la 3e section était à Formose), et elle n'en tint pas moins sa place comme si elle était complète. L'autre batterie, en partant pour Kep, détacha une section à la colonne de Lam ; quand elle se fut complétée, il lui arriva souvent, pendant le combat même, comme à Nui-bop, à Dong-Song, etc., de détacher une section pour une mission particulière. Le commandant de la batterie était un vrai chef de groupe ; le chef d'escadron a rempli du reste, pendant toutes les grandes opérations, les fonctions de commandant de l'artillerie auprès du général commandant la brigade, la brigade jouant alors le rôle dévolu à la division dans la grande guerre.

Quand l'armée chinoise cessa de tenir la campagne, l'artillerie ne marcha plus que par sections, l'expérience ayant montré que, pour les petites opérations, les canons, qui sont commodes pour briser la résistance de loin, deviennent gênants pour la marche des petites colonnes dès qu'on en prend plus que le minimum de ce qui est nécessaire. L'expédition de Than-Maï (octobre 1885) fut une exception à cette règle ; mais, comme on pouvait alors supposer une forte résistance, on avait tenu à y réunir un grand nombre de bouches à feu. Les commandants de batterie n'ont pas été plus exempts au Tonkin que dans les autres guerres, de sollicitations intempestives et pressantes de tirer au hasard sans qu'ils puissent se rendre compte de l'effet produit. Le principe le plus important de l'emploi technique de l'artillerie dans le combat, principe qui ne se trouve pas il est vrai dans les livres, mais qui est bien connu de tous ceux qui ont fait la guerre, consiste à ne démasquer sa position par son tir qu'au moment où il est nécessaire d'obtenir un résultat déterminé et à se maintenir à l'objectif jusqu'à ce que ce résultat soit atteint. Les expressions qui ont cours à ce sujet, comme : « tâter l'ennemi, fouiller un village, battre un pli de terrain, etc. », ne représentent que des idées fausses et dangereuses, qu'un ennemi vigilant ne manquerait pas de punir par la destruction rapide des batteries qu'on aurait engagées avec imprévoyance.

5° *Emploi tactique.*

Il a été dit, à propos des ordres de marche, que les généraux commandant les deux brigades avaient donné à l'artillerie, dans les colonnes, une place qui lui permît d'ouvrir le combat. Ils estimaient que le temps perdu à attendre que l'artillerie ait franchi les mauvais pas, si préjudiciable qu'il fût, se regagnait amplement dans la conduite du combat : sous la protection du canon, l'infanterie pouvait en effet se déployer en sûreté, malgré les difficultés du terrain, et trouvait souvent accomplie la partie la plus pénible de sa tâche quand elle était en mesure d'entrer en ligne. Le feu était habituellement activé pour la préparation de l'assaut ; et, dans plusieurs cas, comme à Nui-bop, à Dong-Song, en avant de Lang-Son, l'artillerie n'a arrêté son tir que lorsque la tête des colonnes d'assaut arrivait à quelques mètres seulement de la position. L'artillerie évitait ainsi à l'infanterie des pertes très sensibles, car cette dernière n'aurait pu gravir autant de pentes bordées de marécages, très raides et hérissées parfois de touffes de bambous épineux, sans s'exposer à des sacrifices considérables. Aussi les batteries s'étaient-elles attiré une certaine réputation et avaient-elles mérité la confiance des généraux, à qui elles procuraient le moyen d'engager le combat avec des effectifs relativement faibles sans qu'ils aient jamais à craindre des pertes de nature à désorganiser leurs colonnes.

Au combat de Chû, l'insuffisance numérique, le défaut de munitions et l'impétuosité de l'ennemi ont été contre-balancés en partie par le feu bien ajusté, à 800 m, d'une section qui a repoussé toutes les attaques et entretenu le combat en ne consommant guère qu'une cinquantaine d'obus.

Le principe de l'échelonnement pendant le développement du combat a été pratiqué d'une façon courante. Les batteries en avaient tellement pris l'habitude, que le mouvement se faisait comme à une manœuvre : dès que celle des batteries qui se portait à la position plus avancée commençait son feu, celle qui était placée le plus en arrière ne tirait plus que lentement et s'apprêtait à se porter en avant de la première ; quand l'ordre arrivait, le mouvement commençait aussitôt. Le combat était ainsi poussé avec une vitesse extrême et l'ennemi, qui avait appris à redouter l'artillerie, la voyait, à sa grande stupeur, se multiplier sur toutes les positions voisines ; il renonçait ainsi le plus souvent à rallier ses troupes ébranlées et la déroute ne tardait pas à se précipiter malgré de réelles tentatives de bravoure.

III. — Résistance et valeur du matériel de montagne. Ses desiderata. — Perfectionnements dont il est susceptible.

Le matériel de montagne, qui n'avait certainement pas été construit pour une expédition de ce genre, s'y est copendant fort bien comporté. Il a subi toutes les chutes imaginables, contre le roc, dans la vase comme dans l'eau, sans grandes avaries, et les accidents qui ne cessaient de se produire dans les colonnes ne l'ont jamais empêché de tirer un coup de canon. L'exemple le plus frappant est celui d'un mulet de roues de la colonne de secours de Tuyen-Quan ; cet animal, à qui le pied manqua sur le bord étroit d'un précipice, tomba à pic de 50 m dans la rivière Claire et s'y trouva englouti sous 8 m d'eau ; son matériel fut retiré le jour même par des plongeurs annamites et la pièce put faire feu le lendemain comme s'il ne lui était rien arrivé.

Il est intéressant à coup sûr d'examiner en détail comment se sont comportées les diverses parties du matériel et d'indiquer en quoi il paraît possible de les perfectionner.

1° *Pièce.*

La seule avarie qu'on ait observée à la pièce, a consisté en pointes de guidon faussées ; on pourrait y remédier par un couvre-guidon qui se poserait au moyen d'une chevillette passée dans le trou central du guidon et arrêtée au moyen d'une lanière.

Les pièces des batteries du 12e régiment ont tiré 3 841 coups, soit en moyenne 320 pour chacune d'elles ; quelques-unes ont dû tirer plus de 600 coups. Aucune dégradation ne s'est manifestée ni dans l'âme ni dans le mécanisme de culasse ; les obturateurs qui perdaient de leur substance, étaient redevables de cette avarie non pas au tir, mais aux canonniers qui étaient chargés de les entretenir et qui les raclaient volontiers avec leurs couteaux pendant le nettoyage, quand l'opération ne pouvait être suffisamment surveillée.

2° *Affût.*

Si la pièce a paru très bien construite, l'affût a toujours semblé moins bien conçu : la partie antérieure est trop lourde ; son centre de gravité, placé trop haut, fatigue beaucoup son mulet. Pour couper l'affût en deux, la séparation, au lieu d'être à la crosse, serait mieux placée au-dessus de l'essieu et les deux parties, agencées de manière à glisser l'une sur l'autre, pourraient être dotées, comme intermédiaire, de dispositifs susceptibles de diminuer le recul et la fatigue de l'affût. On pourrait en profiter pour élever les tourillons au-dessus du sol ; le peu de hauteur de l'affût en service est en effet une grande gêne pour le pointage. L'écrou de frein était difficile à placer dans les mises en batterie : dès que le pas de vis de la fusée d'essieu avait reçu un choc, il fallait alors recourir à la lime, opération laborieuse dans un moment critique. Cet écrou risquait aussi de se perdre dans les changements de position.

3° *Projectile.*

Il est assurément avantageux d'avoir, pour le canon de montagne, le projectile d'un canon de campagne. L'obus de 80^{mm} est le plus lourd des projectiles de l'artillerie de montagne des différentes puissances : si sa vitesse initiale est faible relativement à celle de l'obus anglais, la différence de force vive diminue avec la distance, tandis que l'obus français (à mitraille) fournit 3 fois plus de balles que le projectile anglais.

L'obus à mitraille est excellent.

L'obus ordinaire produit des effets insuffisants ; il faudrait qu'il renfermât un explosif puissant.

La boîte à mitraille occupe une place trop considérable (1/7) dans les caisses ; elle est à peu près à supprimer, l'obus à mitraille pouvant suffire, dans la plupart des cas pressés, comme on l'a vu au combat de Hoa-Moc.

4° *Armements.*

La genouillère est gênante dans les marches en pays accidenté ; on peut la supprimer sans inconvénient.

Le modèle actuel de sac à charges est lourd et encombrant dans les pays chauds ; il y aurait intérêt à le modifier.

Les leviers se sont brisés souvent dans les marches du Haut-Fleuve ; le mal n'est pas grand, il suffit d'augmenter le nombre des rechanges de cet armement.

Les caisses ne sont pas assez étanches ; les charges s'y dégradent dans le climat chaud et humide du Tonkin ; elles s'y avarient par les chutes dans l'eau ; cet accident est arrivé très fréquemment. On les a doublées en zinc ; il eût fallu munir aussi l'intérieur du couvercle d'un bourrelet caoutchouté pour en rendre la fermeture hermétique.

5° *Ensemble du système.*

L'ensemble de la pièce et de l'affût exige déjà trois mulets, il y a lieu de s'en tenir là. Pour arriver à un matériel plus puissant avec un canon démontable et un affût en trois parties, il faudrait y trouver des avantages bien marqués qui soient de nature à compenser l'allongement excessif des colonnes et l'augmentation des mécomptes dans les mauvais pas. Il faudrait surtout ne pas abaisser le calibre. Aussi l'exemple du canon anglais, dont l'ensemble de la pièce et de l'affût exige cinq mulets pour un calibre de 63^{mil},5 seulement, n'est-il pas à imiter.

6° *Harnachement.*

Le harnachement est trop lourd ; la croupière est à supprimer. Le bât est trouvé généralement un peu lourd et trop élevé ; il blesse très fréquemment les mulets, surtout celui d'affût, à cause de la longueur du bras de levier qui s'étend du centre de gravité de la charge au point unique d'appui du surfaix sous le ventre. Il est arrivé souvent que les mulets sont restés bâtés plusieurs jours et chargés pendant la plus grande partie de la journée ; il en est résulté des blessures horribles. Il serait préférable, au point de vue de la répartition de l'effort, qu'il y eût deux sangles (comme au bât anglais) au lieu d'une seule. La matelassure est volumineuse, prend mal le dos du mulet et ne tarde pas, par les suçons successifs qu'on est obligé d'y pratiquer pendant les marches, à diminuer beaucoup de qualité et à se trouver réduite à la garniture de paille, qui est très dangereuse au point de vue des blessures. On a recommandé un bât qui a été vu à Aden et que les Anglais placent sur les chameaux, bât moins élevé que le nôtre et avec une matelassure prenant mieux la forme du dos, forme qui n'est pas la même quand l'animal est bien entretenu ou lorsqu'il est amaigri par les fatigues. Un bât chinois pour petits mulets du pays est employé dans les caravanes du Yun-Nan ; il a cela de particulier qu'il est muni d'un porte-charge mobile qui dégage de lui-même le mulet dans sa chute : la charge tombe alors sur place et peut être recueillie immédiatement, tandis que l'animal revient le plus souvent de lui-même prendre sa place dans la colonne. Le nœud hongrois est une ressource précieuse pour décharger rapidement le mulet enlisé : pendant que le conducteur relève la tête de l'animal au-dessus de l'eau pour l'empêcher de se noyer, un canonnier plonge la main dans la fange et tire sur le brin libre. On a pu ainsi sauver l'animal et le matériel la plupart du temps.

7° *Armement et équipement des canonniers.*

Le mousqueton est excessivement incommode sur l'homme quand il s'agit de donner un coup de pioche ou de relever un mulet ; le canonnier doit alors s'en débarrasser, sauf à risquer de le dégrader ou de le perdre. Il serait trop hasardeux d'y renoncer, car on ne peut jamais répondre des incidents de la guerre ; mais il serait avantageux de l'amarrer au bât, comme la musette de pansage. Au bout de quelque temps il n'est plus guère possible, en colonne, de distinguer le servant du conducteur; aussi n'y a-t-il pas lieu de maintenir cette distinction : tout canonnier de montagne doit pouvoir être employé indifféremment à tous les services de son arme.

Le canonnier des batteries de montagne doit avoir au moins la taille de $1^{m},70$ et pouvoir élever un poids de 60 kg au-dessus de sa tête sans être obligé d'y prendre appui.

8° *Organisation coloniale.*

Si l'on cherche à appliquer les observations qui précèdent à la détermination des éléments des batteries destinées à opérer au Tonkin, on reconnaît que les conditions à réaliser sont les suivantes :

Assurer un approvisionnement suffisant de coups de canon sans allonger par trop les colonnes.

Incorporer largement les auxiliaires indigènes dans la batterie, en ne laissant de canonniers européens que le nécessaire pour remplir les emplois de gradés, de trompettes, d'artificiers, de servants et d'ouvriers, avec un petit nombre de conducteurs destinés à diriger les auxiliaires, ceux-ci n'étant jamais admis à servir les pièces.

Ne conserver les mulets européens que pour le transport de la pièce et de l'affût; les choisir parmi les animaux les plus forts et les plus bas; faire transporter tous les autres fardeaux (caisses réduites de munitions, petites caisses de double approvisionnement et d'outils d'ouvriers, outils de pionniers, bagages, etc.) par des mulets du Yun-Nan.

De ces considérations, on peut déduire pour chacune de ces batteries la composition suivante :

4 officiers ;

80 canonniers européens ;

90 linhs ;

10 chevaux de selle annamites (5 pour les officiers, 5 pour les sous-officiers les plus anciens) ;

22 mulets européens (dont 4 haut-le-pied) ;

80 mulets du Yun-Nan (dont 5 haut-le-pied) ;

6 pièces de 80^{mil} de montagne approvisionnées chacune à 80 coups (dont 64 obus à mitraille et 16 obus ordinaires chargés d'un puissant explosif, 4 obus à mitraille pouvant au besoin être remplacés par le même nombre de boîtes à mitraille) ;

6 affûts de montagne en deux parties (à construire sur un nouveau modèle).

Les bâts étant modifiés dans le sens indiqué ci-dessus (plus bas, à deux sangles, à matelassure simplifiée).

La colonne formée par la batterie de tir ne comprenant que : les 4 officiers, 50 canonniers, 30 linhs, 8 chevaux de selle, 20 mulets européens et 25 mulets indigènes.

Conclusion.

Le matériel de 80^{mil} de montagne a subi victorieusement l'épreuve difficile de la campagne du Tonkin, bien qu'il n'ait pas été construit en vue d'une expédition de ce genre. Mais l'expérience a montré que, sans rien sacrifier des propriétés balistiques du canon de 80^{mil}, on pourrait réaliser, dans le matériel et dans l'organisation des batteries, des perfectionnements qui permettraient de ménager davantage les hommes et les mulets tout en augmentant la mobilité des colonnes.

Si la campagne du Tonkin a été pénible pour toutes les armes, c'est le personnel de l'artillerie qui a subi les plus grandes fatigues : son dévouement a toujours été à la hauteur de sa tâche, si excessive qu'elle ait été parfois ; les éloges ne lui ont du reste pas manqué.

Les services que l'artillerie a rendus dans l'expédition ont été incessants ; aucune action de quelque importance n'a eu lieu sans son concours et le succès des opérations a été généralement proportionné à la part qu'elle y a prise ainsi qu'à la façon dont on l'a employée.

La rapidité relative de sa marche dans un pays excessivement difficile, sa promptitude à prendre position, la rapidité, la justesse et l'efficacité de son tir à toutes les distances, lui assuraient habituellement le succès dès l'instant de sa mise en batterie. Un ennemi mal pourvu d'artillerie et encore plus mal habile à s'en servir ne pouvait réellement pas tenir devant nos batteries ; il en est résulté à peu près constamment que, chassé des positions importantes dès le début du combat, il perdait toute possibilité d'exercer une action d'ensemble, se trouvait alors réduit à des affaires partielles qu'il devait subir contre son gré et où il devait nécessairement avoir le dessous malgré sa supériorité numérique et sa connaissance du pays. L'artillerie lui interdisait ainsi toute chance de succès à ciel ouvert. Mais, derrière des retranchements fortement organisés, il se trouvait relativement à l'abri en raison du peu d'efficacité de l'obus de 80^{mil} employé comme projectile percutant. L'adoption de nouveaux explosifs pour le chargement de l'obus ordinaire permettrait de réaliser un vœu souvent exprimé dans le cours de la campagne, et de compléter ainsi fort heureusement la puissance de notre artillerie coloniale qui n'a plus que quelques progrès à accomplir pour être sans rivale.

Nancy, imp. Berger-Levrault et Cie.

www.ingramcontent.com/pod-product-compliance
Ingram Content Group UK Ltd.
Pitfield, Milton Keynes, MK11 3LW, UK
UKHW021202230726
13926UKWH00001B/265

9 782019 127602